52732169R00063

Made in the USA
San Bernardino, CA
28 August 2017